Hugo, melenudo

© Del conjunto de esta edición: GRUPO ANAYA, S.A., 2005 - Juan Ignacio Luca de Tena, nº 15 - 28027 Madrid - Depósito Legal: M - 16450 - 2005
ISBN: 84-667-4049-X - Printed in Spain Imprime: Printone Industria Gráfica
Avda. Los Yeseros , 24-26 Políg. Ind. Valmor - 28340 Valdemoro (Madrid).

María Isabel Fuentes

Hugo, melenudo

Ilustración
Ángeles Peinador

ANAYA

EN VERANO

Despierta, dormilón

Al pequeño Hugo le cuesta mucho levantarse por las mañanas. Hoy, su mamá ha pasado a la habitación más de seis veces.

Primero, le ha subido un poquitín la persiana y le ha dicho *buenos días, cariño...* ¡Y ni se ha enterado! Luego, ha vuelto a entrar y la ha subido un poquito más...

Y luego, más... Y luego, más...

Al final, como todos los días, mamá Carola se ha puesto a saltar encima de la cama de su pequeñín para que reaccione.

Y Hugo por fin se ha levantado; medio adormilado todavía, se ha desperezado y ha dado un bostezo gigante, gigante...

Y, luego, le ha dicho *buenos días, mamá,* con la boca aún muy abierta por el bostezo.

—Buenos días, monstruito mío —le dice mamá, estrujándolo mucho—. ¡Ya no sé qué voy a tener que hacer para que te despiertes antes! Mañana probaré con un cubo de agua fría.

—¡Sí, sí! ¡Un cubo de agua fría! —dice Hugo, entusiasmado.
Y es que ya iréis viendo que Hugo, como todos los melenudos, tiene unos gustos un poco raros. ¡Ah!, y no os preocupéis porque, como tiene una salud de monstruo, no se constipa ni aunque le echen agua helada por encima.

En familia

Rubi Coletas es la mejor amiga de Hugo. Ahora, en vacaciones, va todas las mañanas a buscarlo. Y siempre le pilla desayunando...

—Hola, grandullón. ¿Qué te estás tomando?

—Pues, algo ligerito. Un cubo de leche con diecisiete tostadas. ¿Quieres?

—En realidad, yo ya he desayunado... Pero me tomaré cinco o seis tostadas más. Gracias.

Y los dos amigos desayunan juntos mientras charlan de sus cosas.

—Pero, comed, comed, pequeñines —les dice mamá Carola, mientras les lleva otro cubo de leche—. ¡Hay que ver qué poco os alimentáis los niños de hoy en día...!

Después de desayunar, Rubi y Hugo ayudan a mamá Carola a recoger la cocina y a hacer la compra, o a papá Sebastián, depende de a quién le toque trabajar fuera de casa. También, otras veces, ayudan a los padres de Rubi.

Y es que los melenudos son unos seres muy inquietos y muy trabajadores. Cada semana se dedican a una cosa distinta y, en las parejas, cada vez le toca a uno quedarse a cargo de la casa y de los pequeños.

Esta semana, a papá Sebastián le toca trabajar de pastelero. Y mamá Carola se queda en casa con el pequeño Hugo.

Y en la familia de Rubi, estos días el papá, que se llama Saturnino, se queda en casa. Y la mamá, Mercedes, tiene que trabajar de guardia de circulación.

Los melenudos saben hacer tantas cosas que no se aburren nunca. Pero claro, como a todo el mundo, también les encanta estar de vacaciones.

A los papás de Hugo solo les quedan dos semanas para empezarlas. Y están deseando no tener que trabajar para pasar todo el día en familia.

En la compra

Después del desayuno y de recoger la cocina, mamá Carola, Hugo y Rubi Coletas se han ido a la compra.

Por el camino, les encanta ir cantando y pegando grandes saltos, a ver quién sube más alto.

Primero, pasan por el quiosco para comprar el periódico.

—Buenos días, Blas —dice mamá Carola—. Hoy queremos el periódico *Mundo Melenudo* y dos tebeos.

—Buenos días, doña Carola, aquí están. Y, ahora, me tenéis que resolver esta adivinanza:

Aunque soy dulce y mi cara
es redonda y colorada,
acabaré en la basura,
¡y sin cabeza!, tirada.

Como veis, los melenudos tienen una moneda un tanto especial... Pagan con adivinanzas, con chistes, poesías o canciones, según lo que prefiera cada comerciante.

—¡Yo lo sé! ¡Yo lo sé! —dice Rubi, entusiasmada—. ¡Es la piruleta!

—¡Claro que sí! —exclama Blas—. Y, en premio, tomad, lo que habíais pedido más estas dos piruletitas de regalo. Para ti, Rubi, de espinacas. Y para ti, Hugo, de coliflor.

—Muchas gracias, Blas. Son nuestras preferidas —dice Hugo, muy contento.

Y nuestros amigos se despiden de Blas y siguen su camino.

Después, entran en el mercado y se paran en el puesto de frutas y verduras.

—A ver quién está esta semana en la frutería... Hombre, si es mi amiga Enriqueta.

—Buenos días, Carola. ¿Qué te pongo?

—Pues quiero tres lechugas y tres sandías, para ahora. Y, para la noche, tres kilos de acelgas y tres kilitos de melocotones.

—Muy bien —dice Enriqueta—. Pues todo vale un chiste, pero que sea gracioso, ¿eh?

—¡Yo me sé uno! ¡Yo me sé uno! —se emociona Hugo—: *¿Cómo se dice espejo en japonés? Pues, ¡aito-io!*

—¡Es bueno, es bueno! —dice Enriqueta—. Pues, tomad, lo vuestro y estos tres melones de regalo.

—Gracias, Enriqueta. Mañana nos vemos —dice mamá Carola.

Y después de ir a la frutería, nuestros amigos van a la pollería y a la pescadería. Primero, mamá Carola tendrá que cantar una jota aragonesa.

Y, luego, Rubi y Hugo hacen unos cuantos ejercicios de gimnasia. Como os podréis imaginar, a los melenudos les encanta hacer la compra todos los días.

A limpiar

Esta mañana Hugo está en la casa de su amiga Rubi. Acaban de entrar y vienen muy contentos, porque se han reído mucho haciendo la compra.

Primero, ayudan a Saturnino, el papá de Rubi, a colocar las cosas que han comprado. Como los melenudos dan unos saltos enormes, les encanta colocarlo todo en los armarios más altos.

Después, mientras el papá de Rubi se prepara para hacer la comida, los niños le piden *por favor, por favor* que les deje limpiar el polvo.

—Bueno, está bien —dice el papá—. ¡Pero haced el favor de tener cuidado con las cosas!

Y es que los melenudos tienen un sistema muy especial para limpiar el polvo. Primero, pegan un salto enorme y llegan hasta el techo. Y, luego, empiezan a rodar de esquina a esquina hasta que lo dejan reluciente. Todo el polvo del techo queda atrapado entre su pelaje.

Luego, se limpian uno a otro, dentro de un cubo, con un cepillo. Y, después, hacen lo mismo con las paredes, con las estanterías, con los sofás...

Y, claro, como con este sistema se les caen bastantes cosas, los melenudos procuran comprarse sus objetos de goma. Los platos, los vasos, los floreros... Casi todo en las casas de los melenudos es de este material.

Cuando los pequeños terminan de limpiar, Saturnino les pone unas gafas de buceo y unos tapones en los oídos. Los mete en la lavadora y pone el programa más corto y más suave, el de los jerséis delicados.

Y cuando salen están tan esponjosos y relucientes que da gloria verlos. Y, además, están contentísimos de haber ayudado en las tareas de la casa.

En el cine

Hoy es sábado, y los papás de Hugo van a llevarlo a él y a su amiga al cine. El pequeño llama por teléfono a Rubi para avisarle y le dice que podían ver una de gladiadores.

A Rubi le parece una fantástica idea la de ir al cine, pero ella prefiere ver una de baile.

Hugo y sus papás se montan en el coche y van a recoger a Rubi Coletas. Enseguida llegan, porque los coches de los melenudos, al igual que sus dueños, pueden dar unos saltos tremendos...

Rubi se sienta detrás, con Hugo. Y pasan todo el camino diciendo tonterías y haciéndose cosquillas.

Cuando llegan, como no se habían puesto de acuerdo, papá Sebastián pide las entradas para una del espacio...

Y a todos les parece bien... Le compra a cada uno un saco de palomitas y un cubo de refresco.

¡Por fin empieza la película! A Rubi y a Hugo les encanta. Es de un extraterrestre que se enamora de una chica de otro planeta...

Pero no paran de hablar para comentarla... Y el protagonista se harta, y sale de la pantalla a llamarles la atención.

Rubi y Hugo se ponen muy amarillos, como siempre que se avergüenzan, y prometen callarse.

A la salida, les ha gustado tanto la película que se les olvida el pequeño incidente. Y se van tan contentos a cenarse unas pizzas.

Rubi la pide de coliflor y Hugo de paella, que son sus preferidas. ¡Buen provecho, amigos melenudos!

¡Que nos vamos!

Los papás de Hugo por fin empiezan sus vacaciones. El pequeño está muy contento y va a ver a Rubi Coletas para contárselo.

Hugo llama muchas veces al timbre de Rubi, pero nada, parece que no hay nadie. Y casi cuando decide marcharse, su amiga le abre la puerta con cara de estar embobada.

—¡Eh, Rubi!, ¿dónde estabas? He llamado más de catorce veces —dice el monstruito.

—Pues, aquí, en mi cuarto. No me había enterado —contesta ella.

—Pero, ¿cómo no te vas a enterar? —insiste Hugo—. ¡Si tu timbre suena como una sirena de bomberos!

—De verdad que no —dice Rubi—. Estaba aquí, distraída, pensando en mis cosas...

De repente, la pequeña monstrua pone una cara de mucha pena, de mucha pena, y se pone a llorar desconsoladamente:

—¡Es que nos vamos a ir de vacaciones! —dice entre sollozos.

—Ya, y yo también —replica su amigo, con cara de no entender nada—. Venía a contártelo.

—Y no lo entiendes, bobo... ¡No nos vamos a ver! —explica Rubi, llorando a más no poder.

Entonces, Hugo, que no había reparado en el problema, pone la misma cara de mucha pena y explota también en un llanto descomunal.

Y así están los dos, retorciéndose de dolor por el suelo y hasta por el techo, porque los melenudos son un pelín exagerados a la hora de llorar, cuando alguien entra en la habitación. Es Saturnino, el papá de Rubi, que llega de la calle y se preocupa mucho al oír a los pequeños.

—Pero... ¿qué pasa aquí? —pregunta, preocupado—. ¿Ha ocurrido algún desastre?

Los amigos le explican al papá de Rubi lo que sienten. Saturnino les comprende, pero les dice que no es para tanto... Y que piensen en lo bien que se lo van a pasar de vacaciones.

Luego, les enseña las fotos del año anterior. Entonces, Rubi recuerda lo bien que se lo pasó con los abuelos. Y, de repente, le entran unas ganas tremendas de irse ya, para estar con ellos.

Hugo también se acuerda de lo bien que se lo pasó en la playa, con sus tíos. Y, lo mismo, está deseando marcharse. Así que cogen unas fregonas y limpian los charquitos de lágrimas en un santiamén.

Luego, se dan un abrazo muy fuerte y se despiden para ponerse a hacer los equipajes. Muy pronto, se marcharán con sus familias a disfrutar de las merecidas vacaciones. Pero esa será otra historia… Quizá, si me entero, te la cuente algún día.